六祖惠能

THE TEN MAJOR NAME CARDS OF
LINGNAN CULTURE

目錄
CONTENTS

Lingnan is blessed with a favorable climate, fertile land, rich resources, and outstanding talents, where Hui Neng, the 6th Zen Buddhist founder, was born, grew up, preached and passed away.

惠能是嶺南的
一個奇蹟

嶺南，物華天寶，人傑地靈。而惠能，這位生於嶺南，長於嶺南，弘法於嶺南，圓寂於嶺南的禪宗六祖，也成了嶺南的一個奇蹟。

一種宗教廣泛地影響著中國人，影響著中國人的思想，影響著中國的文化，包括哲學、倫理、文學、藝術、建築等領域，以及現實生活的方方面面。至今已千餘年，而且還將繼續廣泛而深入地影響下去。

這種宗教不止在中國有廣泛影響，它還傳到國外，亞洲不少國家，連主要是信奉基督教義的歐美國家，都有相關的宗教團體。各類研討會，數不勝數。

曲江南華寺藏六
祖墜腰石

新興龍山國恩
寺牌坊

這種宗教是佛教的一個派別，叫南派禪宗，簡稱
南宗、南禪。

南派禪宗的創立者叫惠能（638–713），也稱慧
能。史稱六祖，中國佛教禪宗的第六代祖師。其
弟子集其語錄編為《六祖大師法寶壇經》（簡稱
《六祖法寶壇經》、《六祖壇經》、《法寶壇
經》、《壇經》），是佛教經典中唯一一部中國
人撰述而被尊稱為「經」的著作，曾被列入中國
最有代表性的十本哲學著作之中。千百年來為世
人研習、闡揚，至今不息。

六祖惠能像

惠能立教之時與弘法期間，南雄大梅關還未開
鑿，嶺南與中原因南嶺阻隔，相當閉塞，被中原
人視為南蠻之地。就在這片南蠻之地，卻誕生了
這麼一個影響廣泛而深遠的佛門教派，千百年來
受到無數信眾的尊崇，終成禪宗正統，中國佛教
最大宗門，幾乎成為中國佛教的代名詞。南宗的
信眾，上至皇帝百官、文武俊賢，下至販夫走
卒、黎民白丁，可謂朝野共賞。

這是嶺南的奇蹟。

惠能本是一個不識字的樵夫，憑著自己超凡的悟

曲江馬鞍山麓
六祖銅像

性與出眾的口才，而成為一代宗師、一個影響深
遠的偉大思想家，受到後世無數的宗教人士與非
宗教人士的廣泛推崇和讚譽。當代國學大師錢穆
《國史大綱》稱：「佛教禪宗六祖惠能，竟可説

新興龍山六祖
壇經塔石刻
《六祖降世》

他在中國創立了新宗教，其對後來影響之大，甚
少人能比⋯⋯在唐以後，中國南方出了兩大偉
人，即惠能與朱子。南方地區對中國文化上之貢
獻，可謂已超越了北、中兩部。」

毛澤東亦稱讚惠能在哲學上有很大的貢獻。

新興縣金台古
寺。傳為六祖
聞經開悟之地

物華天寶，人傑地靈。惠能生於嶺南，長於嶺
南，弘法於嶺南，圓寂於嶺南。他被稱為世界十
大思想家之一，與孔子、老子並列為東方三聖。

這是嶺南對中國文化的重大貢獻，也是嶺南的奇
蹟。

惠能的出生、求法、得受衣缽成為禪宗六祖，也
屬奇蹟。

惠能俗姓盧，世居河北范陽（郡治今北京城西
南），其父在唐高祖時被貶官，流落到嶺南新州
（今廣東新興縣）為民，因而落籍南海。惠能就

7

惠 能 別 母 出
家（雕塑）

生於新興。新興毗鄰珠江三角洲，東與佛山市高
明區、江門鶴山市交界，東南與江門開平市接
壤，南鄰江門恩平市，西南連陽江陽春市，西北
為雲浮雲安縣、雲浮雲城區，東北接肇慶高要
市。新興江及其支流自南向北流，在肇慶南岸注
入西江。春來遍是桃花水，不辨仙源何處尋。新
興是西江流域著名的「魚米之鄉」、「水果之
鄉」。

關於惠能的出生，有很多神奇的傳說，有說惠能
的母親李氏懷了他六年才生出來的；有說惠能降
生時「毫光騰空，異香滿室」；也有說惠能出生
的當天黎明，有兩位「異僧」來訪，為之起名

「惠能」，意為「惠者以法惠施眾生，能者能作佛事」，說完後一下子便消失得無影無蹤。後世很多典籍都把「惠能」寫作「慧能」，古代「慧」與「惠」相通，如「聰慧」古籍多作「聰惠」，所以無所謂對錯。

惠能三歲喪父，長大後以採樵養母，二十四歲那年，在市集賣柴，一客店住客要買柴，惠能就送柴到客店，收了錢，出門時，見一客誦經。惠能一聞經語，心即開悟。這就「悟道」了，而他當時還不知客人念的是什麼經。客人告訴他，這是《金剛經》，「我從蘄州黃梅縣東禪寺來。其寺是五祖忍大師在彼主化，門人一千有餘；我到寺中禮拜，聽受此經。大師常勸僧俗，但持《金剛經》，即自見性，直了成佛。」

惠能聽了，心中大動。一位與他往昔有緣的客人給了他十兩銀子，惠能就用來安置老母，然後直奔東禪寺出家，拜五祖為師。

The eminent monk Hui Neng received the mantle, alms bowl and the sutra essence from his predecessor and became the 6th founder of the Southern Zen Buddhism, along a winding but interesting path.

本來無一物，
何處惹塵埃

君且看：惠能從得受衣鉢真傳，到最終成為六祖並開創南派禪宗，那是一段曲折而有趣的歷程。

廣州是中國禪宗的發源地。

禪宗是佛教的一個教派。佛教源自印度，可以上溯到佛祖釋迦牟尼及其弟子摩訶迦葉。釋迦牟尼當初在靈山會上拈花示眾，諸人不解其意，唯有大弟子迦葉會意微笑，於是，佛祖就將佛教的「正法眼藏」傳於迦葉，並把一領金縷袈裟作為傳法的信物傳給迦葉。這樣，迦葉就成為禪宗的第一代祖師。迦葉之後，禪宗代代相傳，經過一千年左右，傳到了第二十八代祖師菩提達摩。約在南朝梁武帝時期（527年），菩提達摩抵廣州

南粵古叢林碑

傳教，成為中國佛教禪宗的創始人，被尊為禪宗初祖。

當年達摩乘船來，登岸的地方，在今廣州西關下九路北側西來正街一帶。達摩登陸後，約在今華林寺所在地「結草為庵」，開中國佛教禪宗之源；後人因之名此地為「西來初地」，該庵則稱「西來庵」。後歷隋、唐、宋、元、明諸代，「傳燈不絕」，為嶺南名剎。

一六五五年，西來庵大擴建，改名「華林禪寺」，這就是今天的華林寺。華林寺是達摩首開禪宗法門的地方，現建有初祖達摩堂、祖堂，供奉菩提達摩像。寺門外華林新街道中，有一用鐵欄護衛的微型假山園林景色，假山北端豎一石碑，直書「南粵古叢林」五字，隸體。左直楷書：「蕭梁大通元年，達摩尊者自西域航海西來建寺西來庵，之改建華林為清順治十二年。考達摩來華先

13

五祖弘忍像

詣廣州，蓋華林為中國禪宗之發祥地也。」

達摩在廣州時間不長，隨後北上，在河南嵩山少林寺隱居修行，面壁九年，終得正傳。他把自己的衣（所披的木棉袈裟）和鉢（食器）傳給弟子慧可，慧可為禪宗二祖。這衣鉢自此成為禪宗道法授受的信物。慧可把衣鉢傳與僧璨，是為三祖；僧璨傳與道信，是為四祖；道信傳與弘忍，是為五祖。

惠能得這衣鉢真傳成為六祖並開創南派禪宗的經歷，曲折而有趣。

惠能離開家鄉後，走了三十多日，跋涉千里，來到東禪寺（今名五祖寺，又名東山寺。在湖北黃梅縣城東12公里的東山），禮拜五祖。

五祖問：「汝（你）何方人，欲求何物？」

惠能答：「弟子是嶺南新州百姓，遠來禮師。惟求作佛，不求餘物。」（這「惟求作佛，不求餘物」八字後來成了很多佛徒的口頭禪或堅定信念。）

五祖又問：「汝是嶺南人，又是獦獠，若為堪作佛？」（此稱「獦獠」，相當於仍未開化的「南蠻子」。）

惠能答得極妙：「人雖有南北，佛性本無南北。獦獠身與和尚不同，佛性有何差別？」（「獦獠

黃梅五祖寺山門

身」是自指，「和尚」指五祖。「佛性無南北」正是日後南派禪宗的基本理論。）

弘忍聽了，暗暗讚賞，但見眾門徒就在左右，不便再問。一位寺中行者（佛寺中服雜役而未剃髮出家者的通稱）差遣惠能去破柴踏碓。

八個多月後，弘忍為了選擇衣缽繼承人，令寺中門徒各寫一偈，以表達自己對禪宗的領悟理解。僧眾不敢作，都推讓寺內的「上座」神秀。當時神秀在寺裡擔任「教授師」，其地位只在弘忍之下，繼承衣缽看來是順理成章的事。他於是作了一偈，書於南廊壁上。偈曰：「身是菩提樹，心如明鏡台；時時勤拂拭，勿使惹塵埃。」

弘忍看了，覺得他對佛學宗旨的理解還不夠透徹，只到門外，未入門內。

惠能不識字，當時又尚未受戒出家，並無資格參

刻於黃梅五祖寺
山門的楹聯

加傳法人的選拔，因而不知此事。這天他正在舂
米坊勞作，偶然聽到一個童子誦讀神秀的偈，覺
得其「未見本性」，隨即請童子帶自己來到南
廊。當時江州別駕張日用剛好也來到那裡。惠能
便請他為自己代書一偈。張大感奇怪：「汝亦作
偈？其事稀有！」惠能於是又說出一段非常有智
慧的話：「下下人有上上智，上上人有沒意智。
若輕（瞧不起）人即有無量無邊罪。」這下子張
日用沒話好說了，於是代惠能書偈於壁上。這偈
非常著名，千古流傳，今天對佛學稍有瞭解的人
沒有不知道的。寫的是：「菩提本無樹，明鏡亦
非台；本來無一物，何處惹塵埃。」

這偈分明是針對神秀的，寫得確實比神秀的偈高
明。神秀要「時時勤拂拭」，才使自己不惹塵
埃。惠能卻是乾脆來個徹底否定，把世間所有一
切全部視為空無，根本就不會惹塵埃——更說白
了，連塵埃也是無物。空無觀被推到了極致。佛
家稱「四大皆空」，這首偈是最形象的表述。而

禪宗談「空」，超過中國的所有佛門宗派。弘忍看了，心中大為讚賞，但他怕有人害惠能，就用鞋把偈擦了，對圍觀的眾僧說：「亦未見性。」

第二日，弘忍悄悄來到舂米坊，見惠能腰間綁著塊大石頭在舂米，便說：「為法忘軀，當如是乎？」然後問：「然米熟也未？」惠能答：「米熟久矣，猶欠篩在。」（「篩」與「師」諧音，意即「願得師祖之授」。）弘忍便用手中禪杖擊舂米碓三下，轉身離去。惠能會意，是夜三鼓時分，悄悄來到弘忍臥室。

弘忍先把袈裟當作窗簾遮住窗戶，以免外人看見，然後傳授了一番《金剛經》，把衣鉢傳給惠能，說：「汝為第六代祖。」並吟一偈：「有情來下種，因地果還生；無情既無種，無性亦無生。」

吟完，五祖道：「過去達摩大師初來此地，人們

不相信他，故傳授這件袈裟作為信物，代代相
承⋯⋯這袈裟會成為爭端，傳到你這裡，就不要
再傳下去了。若傳下去，就很危險，命如懸絲。
你現在趕快離開這裡，恐怕有人害你。」

惠能問：「向甚處去？」

五祖答：「逢懷則止，遇會則藏。」意思是讓惠
能去到有「懷」字的地方就停止逃遁，遇見有
「會」字的地方就躲藏起來。

當夜五祖親送惠能到九江驛上船。五祖搖櫓，
說：「應該我來渡你。」惠能道：「迷時師度，
悟了自度……蒙師傳法，今已得悟，只合自性自
度。」五祖讚道：「如是！如是！以後佛法，由
汝大行。」囑惠能向南走，短期內不要說出自己
的身分。

三日後，五祖才向弟子們宣佈：「衣法已南
傳。」眾人大驚，問：「誰得到了衣鉢？」五祖

黃梅五祖寺六祖
殿惠能舂米處

懷集冷坑六祖禪院
逢懷則止區

答：「能者得之。」眾人既驚愕又忿忿不平，決意要追回真傳衣缽。

惠能南逃，走了約兩個月，來到今廣東與江西交界的大庾嶺一帶。這時後面有好幾百人追來，其中一個叫陳惠明，原是個四品武官，比較粗魯，也很有參禪求悟之心。他跑在眾人前面，追上了惠能。

惠能把衣缽放在石上，說：「這衣是明心見性的信物，豈是蠻力所能奪取的？」然後藏到草叢中。惠明趕上來，想拿走衣缽，竟拿不動，便叫：「行者！我為法來，不為衣來！」惠能於是出來，為惠明說法。惠明開悟，禮辭而去。

21

南雄大庾嶺梅關
古道。惠能經此
逃回嶺南

第二天，數百人趕到嶺上。惠明替惠能打掩護，
說沒有見到惠能，想必還沒有來到這裡。眾人於
是回原路細查。惠能得以逃歸嶺南。

惠能悄悄回到韶州曹侯村。當地有位儒士叫劉志
略，對惠能十分禮遇。志略的姑姑是比丘尼，號
無盡藏，常誦《大涅槃經》，惠能為她解說。無
盡藏大感驚異，遍告鄉中耆德：「此是有道之
士，宜請供養。」於是鄉民紛紛前來瞻禮。

當時佛教有一個流傳甚廣的故事，說當年天竺國
（古印度）高僧智藥三藏法師渡海來到中國，從

南海經過曹溪口時，曾掬溪水而飲，覺得曹溪水
甘美如露，與天竺國之水一般無別，知道曹溪的
源頭必定是寶地。果然，到了上游的源頭，只見
山清水秀，鳥語花香，有如人間仙境。智藥三藏
法師向隨行的徒眾説：「這裡簡直與天竺國的寶
林山一樣啊！」智藥三藏法師告訴曹侯村的居
民：「你們可以在這座山上興建寶刹，在一百七
十年後，無上甚深的佛法將會在這座寶刹弘化開
演，依這個心法修行成就的人，就像這茂密的樹

曲江南華寺內古
無盡庵祀無盡藏

南雄梅嶺關樓

林一樣多，所以，這座寶剎以寶林寺為名是最恰當的了。」他預言曹溪寶林寺的法水將如泉湧不盡，潤澤十方。

當時擔任韶州牧的地方官員把智藥的話上奏朝廷，梁武帝本人是一位非常虔誠的佛教徒，對佛教的事情非常支持，決定賜額「寶林寺」。後人為了紀念智藥三藏創寺的功績，專門在寺裡建設了「智藥三藏尊者紀念堂」，安奉智藥三藏的雕像，以接受信眾的供養。

黃梅五祖寺傳衣閣

惠能出現在韶州後，人們相信智藥三藏法師的預言將應在他的身上，於是重建梵宇，延請惠能說法。惠能在寺裡住了九個多月，又遭惡人追殺，於是逃到寺前面的山中藏匿，惡人找不著，便縱火燒山。惠能隱身入石中，得以倖免。相傳石上有惠能趺坐膝痕和衣布之紋，所以叫避難石，今存南華寺前山中。

逃過此劫後，惠能記得五祖「逢懷則止，遇會則藏」的囑咐，遂繼續南下，來到懷集，住了下來。柯杉崗相傳是六祖在懷集的第一個落腳點。懷集縣城裡至今仍存一口六祖井和一座六祖庵，相傳是惠能曾經駐足的地方。他藏匿過的懷集「六祖岩」，現在是遐邇聞名的旅遊勝地。

離開懷集，惠能沿綏江南下，來到四會，在今廣寧縣賓亨鎮榕村一處茂林修竹中結廬構庵隱居（明代嘉靖以前廣寧縣是四會縣的一部分），後來邑人在庵址建了龍龕寺，為六祖又一遺跡。及

今日四會扶盧山

後，惠能藏匿在四會縣東面的扶盧山，後來邑
人又在此建了六祖庵以奉祀。最後，六祖在一
群獵人中匿藏了十五年，獵人叫他守網，他就
把落入網中的禽畜全放掉。吃飯時他不吃肉，
只吃肉邊的菜。直到今天，懷集當地村民每逢
年節，也會在家裡做一桌「鍋邊菜」以紀念惠
能。

说　明

六祖避难石

The 6th Zen Buddhist founder Hui Neng left a great number of footprints including those at such places as his monastery to house the 'shelter rock' and 'rock treadle for rice huller', the Long Kan monastery at Guangning and the Nanhua monastery at Shaoguan. There are also many popular stories about him.

追尋惠能南下
避難的足跡

從六祖避難石到六祖墜腰石，從廣寧的龍龕寺到韶關的南華寺，六祖留下了大量的遺跡，而關於他的故事，也廣為流傳。

一個人被尊為神、尊為佛，那他的故事就多了。
六祖是名聞天下的「聖僧」、「佛祖」，自然不
例外。他從湖北逃往嶺南的途中，在韶關、懷
集、四會等地，留下了大量的遺跡，無數關於他
的故事，在民間流傳。

六祖避難石

六祖避難石在今南華寺西南方約三公里處的大旺
山的半山腰山脊上，藏在一片青綠灌木草叢中，

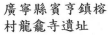
廣寧縣賓亨鎮榕
村龍龕寺遺址

當地百姓稱為「仙人石」，不是一塊，而是三塊
巨石，其中一塊中間有一洞穴，剛好能容一身。
相傳惠能當年就是藏身於此而避過火焚之劫。奇
的是，此石至今歷一千三百多年，仍留有背脊
痕、膝痕、衣紋痕，且長年為淡紅色，與石塊的
其他部位明顯不同，令人驚嘆。現為韶關市文物
保護單位。

六祖墜腰石

相傳惠能在湖北黃梅東禪寺內碓房舂米時，因身
材瘦小，為了加重碓力，便在腰間捆了塊石頭，

廣州光孝寺祖堂

藉助石頭的重量多舂米、舂好米。有一回，弘忍悄悄來到舂米坊，見惠能腰間綁著塊石頭在舂米，便說：「為法忘軀，當如是乎？」此石被後人視為六祖苦修求佛並最終得授衣缽的物證。

現在存世的六祖墜腰石有兩塊。

一塊在湖北黃梅縣四祖寺。石為四方形，長零點四米，寬零點三五米，厚零點一米，重約二十八斤，石中刻有「六祖墜腰石」五個大字和清朝著名詩人僧晦山所題詩偈：「塊石繩穿祖跡留，曹溪血汗此中收；應如一片東山月，長照支那四百州。」還有「龍朔元年，邑默齋居士蔣文勒石」等字。

據說當年五祖就將此石秘藏起來，並鐫刻上字。

因為當時東禪寺眾僧對惠能取得真傳衣缽忿忿不
平，所以五祖臨終時才將此石交出，並吩咐弟子
們一定要將此石保存下去。

另一塊在韶關市曲江縣南華寺。相傳明嘉靖年
間，韶州有一賢人在黃梅做官，到東山寺迎請此
石回南華寺珍藏。墜腰石上刻有楷書：龍朔元年
鐫，師墜腰石，盧居士志。落款為：桂林龍雲邦
柱書。該石為長方形，凹面呈腰狀，長零點三八
米，寬零點一二米，厚零點一六米。後來查實此
石乃明代複製品。

惠能在廣州光
孝寺發風幡之
論（雕塑）

光孝寺瘞髮塔

還有一說，六祖墜腰石與日本婦女所穿的傳統民族服裝和服有關。這說的是：南派禪宗後來傳入日本並廣泛傳播，中國人插花獻佛、盂蘭會、坐禪及惠能墜腰石的形狀等趣事亦一時風行，日本婦女別出心裁，把墜腰石的形狀改成和服裝飾，成為其民族服裝的象徵。這個說法，反映出禪宗文化在日本的深遠影響。

六祖足印石

在南華寺後山，與「六祖避難石」所在的大旺山相對。傳說六祖當年常到這後山拜佛祖。那時山林稠密，野獸出沒。一天，六祖步行到半山腰，忽見一隻猛虎鑽出來，對著他虎視眈眈。六祖也盯著它，右腳用力一蹬，大喝一聲：「善者速退！」那隻老虎果然調頭而去。那塊石頭被六祖蹬出一個深深的足印，歷一千三百年，至今尚在。

六祖衣鉢石

在廣東南雄梅嶺鎮梅關古道旁，北距梅關關樓約
兩百米，有長方形青磚廟宇六祖廟。廟內左側有
衣鉢石，約一平方米，高六十釐米。衣鉢石前面
有一眼泉水井，直徑約一平方米，深約三十釐
米，水清澈鑑人，自古不絕。據《南雄直隸州
志》記載：「衣鉢石在大庾嶺云封寺側，相傳六
祖得衣鉢南來，慧明追至，六祖擲衣鉢石上，明
舉之不動。」後來人們就在其放鉢之處建這六祖
廟做紀念。廟朝東，靠山坡而築，高三米，寬四
米，進深二點八米。始建於唐，明、清歷經修
建。廟內設六祖神龕，所供六祖像為高六十釐米
的泥塑金身。

南雄梅關古道衣
鉢亭內衣鉢石

樂昌西石岩寺
仙人石室入口

仙人石室

在韶關市樂昌縣樂城鎮西北兩公里，俗稱西石岩，昔有古剎，名「泐溪廟」，始建於南朝。相傳六祖得衣鉢從黃梅歸，避難嶺南，曾憩於洞內，故又稱「仙人石室」、「石室仙蹤」。石室有門牆，清代建。洞門朝西，進內洞廳方圓約一百五十平方米，東北入二十五米的左上角有一小石穴，相傳為六祖憩息的石床。清初屈大均《廣東新語·山語·泐溪石室》載：「右有石床，長二丈，平整可臥，其東四里，又有岩，縱橫十字，平廣若大衢，名十字岩。橫者甚深，有地道可通泐溪石室。」今尚存自唐宋以來的部分題

壁，洞廳之《玄帝贊》碑刻更是書法藝術上的一件珍品。一九八七年公佈為樂昌縣文物保護單位。

六祖岩

位於廣東懷集縣城西北面冷坑鎮海拔五百米的上愛嶺峰頂，隱藏在萬重峰巒之中。從山腳爬到山頂，約需一個鐘頭。

六祖自黃梅東山寺得法後南歸，為躲避追殺，曾隱居在山上的石室中。這石室高約六米，寬約十米，面積大約二十平方米。由三塊巨型的花崗岩天然組成，上面一塊自西向東突出三米多，形成一個坦蕩如砥的天然遮蓋。洞內有石柱、石凳、石桌和石香爐，今尚存。

相傳六祖岩裡有一「出米洞」，乃上蒼憐惜棲身於此的惠能，令石裂縫以資惠能日食。

光孝寺古菩提樹

這岩洞因其形狀似一個突出的龜嘴，原稱「龜嘴岩」，自六祖成名後，當地百姓改稱「六祖岩」。現岩上正壁刻有「六祖岩」三個楷體大字，每字一尺見方。岩口側壁有一幅長一百四十釐米、高六十二釐米的詩刻，為縣令蔣航於一九〇七年登六祖岩所題：「峭壁懸崖叩上宮，慈悲救世釋儒同，如何十載修真地，一任囂塵歷劫紅。」山上林茂岩幽，立岩前俯視平野，遠近景物盡收眼底。

廣州光孝寺風幡堂圖

龍龕寺

在今廣寧縣賓亨鎮榕村，六祖曾在此結草搭廬隱居。

六祖自黃梅東山寺回到嶺南，為躲避追殺，遵五祖囑咐，「逢懷則止，遇會則藏」。當時沒有廣寧縣，今天的廣寧縣是一五五六年劃四會縣西北地置縣的，位於懷集與四會之間，此地當年竹林

曲江南華寺寶林道場

茂密。《廣東通志》載：「龍龕寺在橄欖都榕
村，六祖嘗避難構庵於此。庵廢。明萬曆初獲以
古碑，有『龍龕藏錫杖，衣缽在南華』之語，因
而建寺焉。」

這塊「龍龕寺文碑」今保存在廣寧縣博物館。龍
龕寺在清道光年間重修。後毀圮。今尚存斷壁殘
垣。

曲江南華寺曹溪匾

南華寺

在韶關市南二十公里，曲江二十四景中的「南華晚鐘」和「曹溪香水」所在地。六祖在此弘法三十六載，弟子遍佈天下，故又有南宗祖庭之稱。詳上文。今寺存六祖真身像，唐代千佛袈裟，唐、元、明數代聖旨，北宋木雕羅漢，靈照塔等文物。有一聯：「東粵第一寶刹，南宗不二法門。」每年有紀念六祖的南華誕廟會。二〇〇九年九月，六祖銅像在離南華寺約六公里的馬鞍山下落成並揭幕。

At Guangxiao Monastery, Guangzhou, master Hui Neng practiced Zen for enlightenment, preached the religion, and established the South China sect of Buddhism.

在廣州光孝寺
創立南宗

廣州光孝寺與惠能有著不解
之緣，惠能在該寺修禪悟
道，弘揚禪宗，主張「頓
悟」，創立了華南諸宗派，
人稱「南宗」。

曲江南華寺九龍壁

惠能在嶺南一邊勞作，一邊參悟天地，修禪悟道，踐行佛禪理念，其「南宗」理論逐漸豐富發展，日漸臻於系統和完善，其「頓悟禪學」體系基本建構完成。直到有一天，惠能覺得該是弘揚禪宗的時候了，便離開四會，來到廣州法性寺（今光孝寺）。

光孝寺原來是南越國末代君主趙建德的故宅。三國時，東吳才子虞翻被孫權貶至廣州，在這座塵封百年的老宅裡面種樹講學，時人稱為「虞苑」，絳帳侍坐者，常數百人，門牆桃李，下自成蹊。畫簷蛛網、土花碧深的舊王府，竟然枯木逢春，舊貌換了新顏。

虞翻死後，他的家人把虞苑捐出，興建寺院，名
制止寺——這就是光孝寺的前身了。東晉時期，
西域名僧曇摩耶舍來廣州傳教，修建了大雄寶
殿，改名為王園寺。南北朝時，達摩祖師也曾在
此掛單。寺內的「洗缽泉」，就是達摩洗缽的地
方。寺院經過不斷擴建，全盛時占地竟達方圓三
里，有十二殿六堂。

西元四三五年，天竺高僧求那跋摩在王園寺（今
光孝寺）中始創戒壇，設道場，並在寺中立了一
塊石碑，上面刻了這麼一句預言：「後當有肉身
菩薩於此受戒。」智藥禪師也曾來過這裡，他帶
著本國的菩提樹來到王園寺，植於戒壇畔，並預

言「後一百七十年，有肉身菩薩於此樹下，開演
上乘，度無量眾。真傳佛心印之法主也」。

惠能在光孝寺時，住持印宗法師正在給僧眾講
《涅槃經》。一陣風吹來，把掛在旗杆上的幡吹
動了，兩個和尚為此辯論起來，一個說是「風
動」，一個說是「幡動」，誰也未能說服誰。惠
能走進來，道出驚人之語：「不是風動，不是幡

曲江南華寺
伏虎亭

動，仁者心動。」（仁者，對他人的尊稱。）此言一出，眾僧全都駭然。

印宗即引惠能至上席，向他請教奧義，惠能答得言簡理當，印宗大為歎服，請惠能取出傳法衣缽，讓僧眾瞻禮。惠能取出衣缽，同時把「佛法是不二之法」的奧義闡述一番，聽得印宗歡喜合掌，大讚「仁者論義，猶如真金」，向眾僧說：「此肉身菩薩也。」當下就拜惠能為師。

惠能於是就在寺中菩提樹下削髮剃度；智光律師為他受滿分戒（一名具足戒，據説是佛家修練之根本），法才和尚則把他的頭髮埋在地下，當年就在上面蓋了一座塔，那就是瘞髮塔（瘞，埋葬）。經歷代重修，至今猶在，以石基灰沙磚築成，高七點八米，共七層，八角形，每一立面設佛龕佛像，上作八角攢尖頂。塔形仿樓閣式，具唐宋風格，是寺中珍貴文物。

曲江南華寺
聖旨碑

49

曲江南華寺
展品缽盂

求那跋摩和智藥禪師的預言，都應驗了。

惠能以極之偶然的「風幡之論」作為契機，公開
了自己的「六祖」身分。在宗印法師等高僧的支
持下，當年二月為眾人「初開法門」，演說其
「般若三昧」（意為「恪守空寂頓悟之佛
性」），創立南派禪宗，奠定了自己作為禪宗第
六代傳人的「六祖」地位。這樣，廣州就不但是
佛教禪宗的「西來初地」，更因惠能在此首演
「禪宗妙義」而成為南派禪宗的發源地；南派禪
宗後來成為中國禪宗的正統，光孝寺因而被尊為
禪宗祖庭。

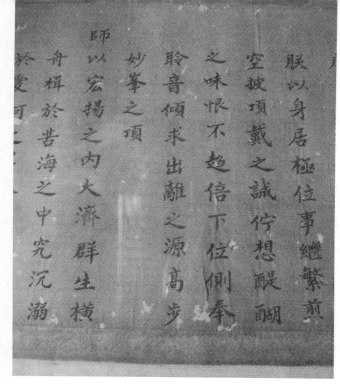

唐武則天詔書
（局部）

今光孝寺內有六祖殿，原名「祖堂」，一〇〇八
年至一〇一六年間始建，一六九二年重建，供奉
六祖。瘞髮塔在大雄寶殿後面。過去寺院中有旗
杆與幡，相傳惠能就是在那裡發其「風幡之論」
的。另有睡佛閣，亦稱風幡堂，始建於西元七〇
五年至西元七〇七年間，即為紀念此論而建。在
寺院東廊壁上，有「五祖秘授惠能衣缽」及「惠
能發風幡論」的繪畫，都是六祖事蹟的藝術再
現。

惠能在廣州光孝寺首演「禪宗妙義」，翌年
（677年），他離開廣州，北上韶州曹溪寶林寺
（今曲江南華寺）任住持，升堂說法。

乳源云門寺舊牌坊

惠能在寶林寺傳教三十六年，弘揚頓悟成佛的宗旨、在世修持的佛法、觀照萬物的態度和為人處世的智慧。惠能說法，廣開禪門，徒眾如雲，啟曹溪法脈之源頭，座下嗣法弟子有行思、懷讓、神會、玄覺、慧忠、法海等四十餘人，而後各居一方，成為宗主，承嗣曹溪法脈。使南派禪宗在嶺南大地上大為發展、廣泛傳播，其教義直達邊遠北地，甚至遠播高麗、新羅及日本等國。聲名上達皇室朝廷，下至黎民百姓，連北方各地的僧侶也不遠千里，南下求法，山陰道上，應接不暇，登門求教的學者，多達千人以上。

六祖生活儉樸，不奉權貴，不畏天子，十足一個
聖僧形象，這亦令他廣受尊崇。

西元六九六年，女皇武則天曾遣中書舍人給惠能
賜送水晶缽盂，摩衲袈裟、白氈等禮物，其詔書
對惠能表達了十分尊崇的心情。後來，北派禪宗
領袖神秀上奏武則天，請求催促惠能到京城長安
來，惠能卻堅持辭謝不來。神秀又自己寫信再次
邀請他。惠能對來傳信的使者説：「我的形貌矮
小醜陋，北方人見到我，恐怕不尊敬我的道法。
還有先師認為我在南方有緣，也不能違背。」

新興龍山六祖
壇經塔《壇
經》石刻

當時神秀在京城傳授「漸教」，「王公已下京都士庶，聞風爭來謁見，望塵拜伏，日以萬數」，聲望如日中天；惠能若去講「頓教」，別說可能命如懸絲，至少也是自討沒趣。兩個理由，推得干乾淨淨。多妙的託辭，充滿洞悉世情的智慧。

八月初三南華誕，
南華寺前人山人海

當年皇權至高無上，六祖不奉詔是需要相當勇氣
的。幸好太后、皇帝也沒有相強，還送百衲袈裟
及錢帛等供養；又敕改寶林寺為中興寺，由韶州
刺史重修，並賜「法泉寺」額。西元七〇七年，
唐中宗賜六祖故居為國恩寺（在今廣東新興
縣）。西元七一三年，惠能駐錫於寺，建成報恩
塔。

國恩寺的建築面積有九千兩百平方米。整體有半
山亭、鏡池、山門牌坊，中軸線上有大殿、天王
殿、六祖殿，均為重檐歇山頂建築，兩旁佛堂禪
房櫛比。寺右有唐中宗賜額、惠能手葬的六祖父
母墳。寺左有報恩塔遺址、惠能手植的荔枝樹，
及惠能浴盆等遺跡。周圍峰環巒繞，古木參天。
山門外有一副對聯：「百城煙水無雙地，六代風
幡自一天。」登山入寺，半山亭前有龍山溫泉。

後世把國恩寺、光孝寺和南華寺並稱禪宗三大祖
庭。

Large quantities of Buddhist classics were introduced to China from India during the Tang dynasty to meet the needs of increased followers of different sects. As for the southern Buddhism founded by master Hui Neng, it blended elements of Confucianism, Taoism and several mysterious religions into Buddhism, in a greater step of localization than ever.

惠能把印度佛教中國化

唐代，印度佛教經典大量翻譯引入，信眾大為增加，宗派不斷創立。而惠能開創的南禪，亦佛亦儒亦道亦玄，在佛教中國化的道路上邁進了一大步。

六祖真身像

惠能如何説法，説了什麽，主要就記載在《壇經》這部「宗經」裡。

惠能的南宗頓教與神秀在北方倡行「漸悟」教旨的北宗漸教相對應，歷史上稱為「南能北秀」、「南頓北漸」。「頓」是頓悟，「漸」是漸進，這是禪宗傳道的兩種方法。

南派禪宗還有很多其他的稱謂，諸如佛教南宗、禪宗頓教、南宗頓教、禪宗教南派、南宗法門等等，説的都是惠能所創立的這個教派。

佛教宗派繁雜，唐代時已有天台宗、法相唯識宗、華嚴宗、禪宗、淨土宗、密宗、律宗等等。據宗密《禪源諸詮集都序》的記載，唐代時全國有禪宗學派近百家之多，主要流派分為十室；十室之中，按其學説的宗旨又可分為三大宗。在這形形色色的派別中，惠能創立的這個教派先是流行於今廣東、湖南、湖北一帶。惠能身後，有弟

子神會、行思、懷讓等四十餘人，大多各化一
方，使南派禪宗流布全國各地。

西元八四五年，發生「唐武宗滅佛」的「會昌法
難」（翌年武宗死，朝廷又復興佛教），各宗派
遭沉重打擊，只有禪宗一枝獨秀。後來相繼形成
河北臨濟、湖南溈仰、江西曹洞、廣東云門、南
京法眼等五宗，此所謂「一花五葉」。臨濟宗後
來又分為黃龍、楊歧兩派，與上述五宗並稱「七
宗」。史稱「五家七宗」。

廣州六榕寺
六祖堂

到唐末、五代時期，南派禪宗已遍及全國，到北宋初年，達至極盛。今廣東乳源瑤族自治縣城外六公里，有著名古蹟雲門寺，便是廣東雲門宗的發祥地，由惠能弟子靈樹的傳法和尚文偃開山建寺，創立宗派。此派曾大行於嶺南，並傳播至湖南、江西、江淮等地，留下著名的「雲門三句」：涵蓋乾坤、截斷眾流、隨波逐流。

南宋以後，惠能門下的五宗只有臨濟、曹洞兩宗盛行，余均不傳。

在禪宗諸多學派裡，惠能創立的南宗頓教影響最廣，信奉者最多，超過北宗及其他學派。直到今天，仍是如此。中國人信佛，其中大多數人在實踐上都是六祖的門徒；人們所信奉的佛教，基本上就是這南宗頓教。儘管他們之中沒有多少人會去研究玄奧的佛理，也不知道這個派那個派。

乳源雲門寺眾妙之門牌坊

惠能創立的南派禪宗何以能夠如此盛行，贏得如此廣泛的信奉？魅力何在？奧妙何在？這主要在於惠能所創立的修行理論。

佛教自東漢正式傳入中國，時稱「浮屠」或「浮圖」，但當時只是被視為神仙道術的一種，流傳是不廣的。東漢後是三國兩晉，那時慧遠為南方佛教領袖，宣傳因果報應論、神不滅論及死後轉生西方極樂世界的信仰，傳播甚廣，影響至今。

晉後南北朝，南朝各代帝王都崇奉佛教，其中又以梁武帝為甚，他使佛教普及於南方。當時佛教已出現了三論、毗曇、俱舍攝論等學派。其中有個傑出的佛教學者叫竺道生（355–434），他認為文字只是表意之工具，不可執滯；他更批評積

學漸悟的觀點，提出頓悟成佛的學說，宣揚一切
眾生悉有佛性和「一闡提」（滅絕善性者）皆得
成佛的主張，在南北朝初期曾風行一時，其學說
可謂二百年後南派禪宗的先導。惠能以自己罕見
的聰明與悟性把它加以創新並發揚光大，同時融
入了《楞伽經》、《金剛般若經》、《文殊說般
若經》、《維摩經》、《涅槃經》等佛經的思
想，自成南宗法統。

佛教是外來宗教，它要在中國獲得根基，就必須
與中國傳統本土文化相融合，才可能發展並廣泛
傳播，否則就只能成為文人書齋中物，大眾不會
接受。惠能的高明之處還在於他創立的南派禪宗

韶關大鑒禪寺石刻
《佛法在世間》

融攝了儒家倫理道德觀、人文精神和道家自然無
為的處世態度，以及幽深微妙的玄學思辨方法，
使其符合中國文化和社會倫理，從而成為中國文
化的有機組成部分。

韶州地方官曾經問惠能，在家如何修行？惠能給他
吟了一首《無相頌》，並說：「你只要按這個修

新興龍山六祖壇經
塔。塔之四壁刻
《六祖壇經》

行，就與經常和我同處沒有區別。如果不按這個修
行，就算你剃髮出家，也沒什麼益處。」頌曰：

> 心平何勞持戒，行直何用修禪。
> 恩則孝養父母，義則上下相憐。
> 讓則尊卑和睦，忍則眾惡無喧。
> 若能鑽木取火，淤泥定出紅蓮。
> 苦口的是良藥，逆耳必是忠言。
> 改過必生智慧，護短心內非賢。
> 日用常行饒益，成道非由施錢。
> 菩薩只向心覓，何勞向外求玄。
> 聽說依此修行，西方只在眼前。

　這頌明顯包含著儒家的倫理道德觀：恩、義、
讓、忍、改過、孝養父母、奉事師長、苦口良
藥、逆耳忠言，等等，惠能只是用佛偈的形式表
達出來而已。既佛又儒，這是佛學化了的儒學，
儒學被化進了佛學中。惠能自己在故鄉建國恩寺
的同時就建了報恩塔，以表孝道。

惠能教導人們：「什麼叫皈依真佛？所謂皈依，就是要去掉心中的不善心、嫉妒心、諂曲心、吾我心、誑妄心、輕人心、慢他心、邪見心、貢高心及一切不好的行為，常自見己過，不說他人好惡，就是皈依。」這同樣是把儒學化進了佛學中。謙卑、恭敬之類，不必說了。「常自見己

六祖圓寂

過，不說他人好惡」，明顯是儒家「靜坐常思己過，閒談莫說人非」的意思。整段說法佛儒融合，可謂「慈悲救世釋儒同」了。

曲江南華寺祖殿，內供六祖真身

再看看禪宗與道的關係。道家追求擺脫社會束
縛，過符合自然本性的生活。惠能則引導禪眾撇
開外部形式而致力於自心自悟，實現在日常生活
中自由自在、無為而無不為的妙用妙行。這種心
性學說尤為文人士大夫受落，他們多參禪悟道而
非看經行戒；雲動水靜，一任自然。這種禪宗文
化，對宋明理學、宋元道教、中國藝術精神和中
國文人士大夫的生活方式諸方面都產生了深刻的
影響。當代國學大師錢穆在《六祖壇經大義》
稱：「唐代之有禪宗，從上是佛學之革新，向後
則成為宋代理學之開先，而惠能則為此一大轉折
中之關鍵人物。」

禪宗與玄學也大有關係。玄學乃浮虛、玄虛、玄遠之學，幽深而微妙。妙在哪？主要就妙在玄虛而難以捉摸，論事不著一邊，可以從不同的角度去理解和體會，而有不同的感受或結果。有時就是模棱兩可。

玄學盛行於唐代以前的魏晉，重在把握義理，反對執著於言詞、具象，所謂「得意妄言」。這與深邃的佛學有相通之處。佛教常說：「無住無往亦無來」、「無動無靜，無生無滅，無去無來，無是無非，無住無往」，到底是個什麼樣子？沒有具象，只靠想像，全看受眾的「領悟」。論具象就難免「執著」，落到一邊。說法「不執著」，方可達「大道不稱，大辯不言」的境界，這種境界只可意會，不可言傳。就這點來說，稱南派禪宗以玄學為本質，並非貶損。正是由於如此「玄奧」，宋代的契嵩就直接用玄學指佛學：「論者謂之玄學，不亦詳乎！天下謂之宗門，不亦宜乎！」當代國學大師錢穆在《六祖壇經大

義》稱：「從惠能以下，乃能將外來佛教融入於
中國文化中而正式成為中國的佛教。」

毛澤東對惠能也有很高的評價：「惠能主張佛性
人人皆有，創頓悟成佛說：一方面使繁瑣的佛教
簡易化，一方面使印度傳入的佛教中國化。因
此，他被視為禪宗的真正的創始人，亦是中國佛
教的始祖。在他的影響下，印度佛教至高無上的
地位動搖了，甚至可以『呵佛罵祖』，他否定傳
統偶像和陳規，勇於創新，並把外來的宗教中國
化，使之符合中國國情。」

南派禪宗，這中國的佛教，亦佛亦儒亦道亦玄，
妙不可言。

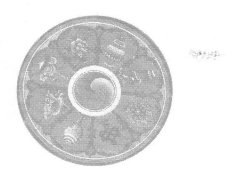

Hui Neng's southern Zen Buddhism is part of Chinese culture integrating the elements of Confucianism, Taoism and several mysterious religions, which put emphasis on Prakrti awareness and self vimukta with a great number of converts.

惠能把中國佛教平民化

惠能的南派禪宗，融攝儒、道、玄諸家元素而成中國文化的有機組成部分，自性感悟，自得解脫，學佛者眾。

惠能立教之時，很多佛教宗派都注重佛經繁瑣章句的解釋和經院學派的研究，奉行各種修行的形式；以五祖大弟子神秀為代表的北派禪宗，主張的仍是名目繁瑣、坐禪參佛的「漸悟」教義。惠能的衣鉢受自弘忍，但他主張的卻是「頓悟」教義。自初祖菩提達摩至五祖弘忍，都不曾提過頓悟說。這是惠能的創新。他主張直澈心源，頓悟成佛。這種教義不重禪定的形式，而重心性的清淨。「菩提只向心覓，何勞向外求玄」。

惠能把他的理論放在人間，是「人間佛法」。他告訴世人：「佛法在世間，不離世間覺。離世覓菩提，恰如求兔角。」覺，既是心的覺悟，亦是對外界的感覺。菩提，是覺悟的境界。兔是沒有角的，世間的人如果撇開所生存的世間去尋找佛法，就如同找兔的角，是不可能找到的。這個「佛法」，不是成佛、作佛之法，而是人世間的「修持」之法。

南宗認為人的本性是純淨的。人人生有佛性，所謂「人雖有南北，佛性本無南北。獦獠身與和尚不同，佛性有何差別」。自心是佛。「佛」這字的本義即「覺悟」（「佛者，覺也」），皈依佛

立於廣州下九路北側的西來古岸碑，乃達摩登陸之處

廣州六榕寺六
祖銅像

就是認識自心自性。強調透過直覺感悟到自身固
有的佛性。人追尋自己的本性，並涵養平靜的工
夫，那就能「覺悟」，此之所謂「淨心」、「自
悟」，而無須外在的協助。若識自性，悟即一切
悟，當下「明心見性」（明心：無煩惱的清淨
心。見性：見到與佛無二無別的佛性），便可
「見性成佛」。

這是「直指人心」之法。不必累世修行，無須大
量佈施，摒棄繁瑣儀式，用不著坐禪，用不著講
習背誦浩如煙海的經卷，無須離群索居，遠離塵

世，只要真心向佛，出家在家皆可。抛開所有外在形式，「自心皈依淨，一切塵勞愛慾境界，自性皆不染著。」惠能將歷來通過對外在神靈的信仰和崇拜的作佛法，改變為純屬是個人內在的心性追求與「覺悟」。

這便是南派禪宗的「頓悟法門」，這是與原始印度佛教和當時中國流傳的佛教各宗派不同的理論。它發揮了高度的主觀能動性，推翻了佛祖的

廣州六榕寺六祖堂內供奉六祖銅像

樂昌西石岩寺

絕對權威與佛經的神聖地位：從千百萬字的經論
到一字輪王咒，從淨土到地獄，從佛到餓鬼，從
生前修行到死後舍利，都被「一切諸法皆由心
造」推倒，從而將印度佛教的禪學思想徹底改造
成了具有中國特色的南派禪宗。

這是對中國佛教乃至世界佛教的一場革新。惠能
不僅是嶺南文化的傑出代表、珠江文化的聖哲，
也是佛教史上偉大的改革家。

國學大師陳寅恪稱讚六祖：「特提出直指人心、
見性成佛之旨，一掃僧徒繁瑣章句之學，摧陷廓
清，發聾振聵，固中國佛教史上一大事也！」這

是說惠能與魏晉間嵇康、阮籍罵倒儒學六經一樣
有摧陷廓清的功績。

惠祖在一千三百多年前告訴世人：佛就在你心
中，自心即佛，「明心見性」，「見性成佛」，
這是連作為傳播思想工具的文字都是不需要的。
所謂「不立文字，教外別傳」（「教」指經教，
即佛陀之言教。這是說禪宗之相傳不依言教，而
系以心傳心。其所傳是經教之外的另一種傳
授）。因而什麼出家、儀式、經卷等都不重要，
於身外求佛時必須遵循的一切清規戒律都可不
要，從而開闢出一條自修自悟即可見性成佛的途
徑。

這種理論最容易讓人接受，最適合既想求佛又不
想放棄世俗享樂的在家人，包括朝野上下，從各
級官僚、文人士大夫到一般平民百姓，因而為後
世越來越多的信佛者所奉行，當時有人誇張地
說：「舉國僧徒除蒙藏喇嘛外，十九皆南宗子孫

77

矣。」其一直影響到現在，顯然還要影響到將
來。今天走進寺廟禮佛的善男信女們大都不知有
這些理論，但他們卻是在實踐著這種理論。

總之，惠能創立南宗的最成功之處是用通俗簡易
的求佛成佛方法，來取代佛教其他各宗派的繁瑣
義學，從而使佛教變得容易為大眾所接受。「一
切眾生皆有佛性。」這種眾生平等的觀念也降低
了佛教門檻，擴展了信眾基礎，利於傳播。同
時，惠能提倡隨緣任性的自然生活，「行住坐臥
皆是禪」、「運水搬柴皆是道」。使禪宗趨向平
民化、世俗化，將禪理融入日常生活中，達至潤
物細無聲之效，成為一種適合中國大眾的「世俗
佛教」。

禪宗的價值不在西方極樂世界，而在人間。一位
遊客問五祖寺裡某位法師：「禪是什麼？」法師
答：「禪是生活的智慧。」說得妙。

懷集冷坑上愛嶺六祖岩出米洞

惠能的學説，摒棄一切繁文縟節，直指人心：自性感悟，自得解脱。融攝儒、道、玄諸家元素而成為中國文化的有機組成部分，玄奧的理論不離世間的實踐；摒棄坐禪拜佛等外在形式而具深邃智慧。博大精深、系統圓融，有其巨大的、潛移默化的力量，更有無限空間讓後學闡揚發揮，佛理禪機被融入世間生活的方方面面，這是其長久生命力所在。

Known as the only Chinese sutra, master Hui Neng's preached his own sect of Buddhism, with an irreplaceable reputation in the circles of Chinese Buddhism.

唯一由中國人說的經

惠能說法，被佛教徒稱為「經」，而且是唯一由中國人說的「經」，由此得知，惠能在中國佛教界的崇高地位不可替代。

惠能本人並無著作，弟子法海將其在大梵寺的講
法內容記錄整理，而成《壇經》。《壇經》又稱
《六祖壇經》，或稱《六祖大師法寶壇經》。主
要是說摩訶般若法。「摩訶」是梵語「大」的意
思，「般若」是梵語「智能」。「摩訶般若法」
就是「大智能法」。佛教經書雖多，但能夠說法
被稱為「經」的人，只有釋迦牟尼佛，但是惠能
說法，卻被佛教徒稱為「經」，而且是唯一由中

肇慶梅庵六祖井

乳源雲門寺天王殿

國人說的「經」，惠能在中國佛教界的崇高地
位，可想而知。

現在流傳的《壇經》大概有幾種版本：

敦煌本：不分卷。原本是二十世紀初在甘肅敦煌
石室發現的手寫本，約成書於五代時，題目為
《南宗頓教最上大乘摩訶般若波羅蜜經六祖惠能
大師於韶州大梵寺施法壇經》一卷，兼受無相戒
弘法弟子法海集記，但據說已是菏澤一支後人的
改竄本。現藏英國倫敦博物館。

光孝寺山門

惠昕本：二卷。原本是近代在日本京都堀川興聖寺發現的復刻宋本，題作《六祖壇經》。宋邕州羅秀山惠進禪院沙門惠昕覺得古本文字繁縟冗長，於是在西元九六七年進行改訂，內容分作二卷十一門。一一五三年由晁子健在蘄州刊行，後流傳日本，由興聖寺翻刻。

德異本：據說是曹溪原本，不分卷，題目為《六祖大師法寶壇經》。一二九〇年蒙山德異於在吳中休休庵刻《壇經》。一四七一年又於曹溪重刻。一五七三年李材（見羅）再刻。一六一六年德清於廬山法云寺復刻。一六五二年秀水王起隆等又據李材本校刻。

宗寶本：不分卷。元代風幡報恩光孝寺住持宗寶
於一二九一年改編，題作《六祖大師法寶壇
經》。據宗寶所説：「見三本不同，互有得失，
其板亦已漫滅，因取其本校讎，訛者正之，略者
詳之，復增入弟子請益機緣，庶幾學者得盡曹溪
之旨。」

自從敦煌的版本被發現後，學者們根據各種版本
進行了互校，又出現了多種校本。據專家認為，
《壇經》是經過不斷增減竄改後形成的。成為現

廣州華林寺祖
師殿內達摩像

南華誕會鄉民前來拜六祖

今所見的版本，主要是依據德異本，參考宗寶本，由於它是研究禪宗惠能的第一手資料，價值重要，因此引起各國學者和僧人的重視，日本學者在這方面的研究最早，中國學者後來追上，也取得了不俗的成就。

第二次世界大戰後，《六祖壇經》、《禪宗之源》等禪學著作的英譯本刊行流布，使禪宗走向了西方世界。《六祖壇經》還有德文、法文、西班牙文、日文、韓文等譯本，使禪學在歐美的

英、德、法、美等國發展起來，南派禪宗義理與
修行禪定方法逐漸為西方各國人民所認識和接
受，一批禪學團體相繼出現，他們建立了許多禪
定和靜坐中心，在世界各地舉辦研討會和定期集
會，形成了一股「禪宗熱」。

Where on earth are Hui Neng's remains, mantles and alms bowl?
The answer of later generations varies, remaining a puzzle even
nowadays.

真身與
衣缽之謎

關於惠能真身和衣缽到底何
在？後世萬般猜測眾說紛
紜，說法不一。這謎，直到
如今還未解開。

肇慶梅庵

惠能臨終前吟了最後一偈，這是他對自己創立的
南派禪宗的最後總結。偈曰：「兀兀不修善，騰
騰不造惡；寂寂斷見聞，蕩蕩心無著。」善、
惡、見聞，都是人世間的事。「心無著」就是不
把這種種人世間的事放在心上，「蕩蕩」便是心
的這種「空寂虛無」狀態。這裡闡述的顯然不是
「菩提本無樹」的四大皆空，而是人世間的修持
之法、度人解脫心中煩亂、困擾之法，醫治心病
之法。佛家所言：得大解脫。

新興龍山國恩寺

西元七一三年，也即唐開元元年八月三日，六祖在國恩寺召集眾弟子說了一番禪理，端坐到三更時分，對門徒說：「吾行矣。」便奄然遷化（圓寂），享年七十六歲。大文豪王維曾撰《六祖惠能禪師碑記》，描寫惠能圓寂時的情景：「至某載月日，忽謂門人曰：『吾將行矣。』俄而異香滿室，白虹屬地，飯食訖而敷坐，沐浴畢而更衣，彈指不留，水流燈焰，金身永謝，薪盡火滅，山崩川竭，鳥哭猿啼，諸人唱言：『人無眼目。』列郡慟哭，世且空虛。」一代偉人，於焉逝去。

西元八一二年，唐憲宗詔諡惠能為「大鑒禪師」。存放其真身的塔稱「元和靈照」（或稱「元和正真」）。唐代除王維外，柳宗元亦撰《曹溪大鑒禪師碑》、劉禹錫撰《曹溪大鑒禪師第二碑》，記述其事蹟。

91

新興船崗鎮龍
台古寺

宋太宗加謚惠能為「大鑒真空禪師」，詔新師塔
曰「太平興國之塔」。宋仁宗曾迎惠能真身入大
內供養，加謚為「大鑒真空普覺禪師」，最後宋
神宗再加謚為「大鑒真空普覺圓明禪師」。

六祖圓寂後，他的弟子們為他保留了「真身」。

在惠能之前，中國佛教無論哪一個教派，僧人死
後基本上都是按天竺法火化遺體的；若是名僧，
則從燒後的骨骼中撿取碎骨，奉為傳世「舍
利」。比如有關唐三藏的舍利就一直眾說紛紜，
有的說在陝西，有的說在南京，有的則說已流失
到日本。相傳今天廣州六榕寺花塔下就埋藏著佛

祖的舍利子，還曾流傳「佛牙放光」的神話。惠
能開創的南宗，不按天竺舊例火化而改用全身葬
法。

惠能圓寂後，廣、韶、新三郡爭迎真身，一時解
決不了。人們於是在六祖故居國恩寺所在的龍山
前焚香禱告：「香菸指處，師所歸焉。」只見香
菸直貫曹溪。於是六祖真身與所傳衣缽回歸南華
寺。龍山前自此有香燈岡。清代簡炳驥有一首
《新州竹枝詞》詠：「年年重九醉龍山，浮白歡
呼萬事閒。好是香燈岡外望，爐煙猶憶注韶
關。」

懷集冷坑六祖禪
院六祖殿

四會六祖寺牌坊

唐後五代時，劉氏割據嶺南建南漢國，每年正月十五上元燈節，就會迎六祖真身入韶州城為民祈福。

今天人們去游南華寺，看到寺中所供奉的這具「真身」坐像，通高八十釐米，結跏趺坐，腿足盤結在袈裟內，雙手疊置腹前作入定狀。頭部端正，面向前方，雙目閉合，面形清瘦，嘴唇稍厚，顴骨較高。心中難免感到困惑：這真的是六祖的「真身」嗎？肉身存放了一千幾百年，能不腐化嗎？

是的，這是六祖的「真身」，但它只是「真身」
的「殼」，與一般人心中有關「真身」的概念並
不相符——肉身早已腐化無存了。

說真又不真，怎麼回事呢？這得說說「真身」的
製法，據傳是這樣的：

高僧圓寂後，脫去遺體的衣服，背後用鐵條撐
持，讓他盤膝而坐，然後用上好福州漆加香粉塗
漆屍身，干後再漆，如此加漆達數十次之多，屍
身便會罩上了一層厚約一兩分的漆殼。在漆殼的

六祖真身像

底下留一個小孔。完成了上漆之後，把屍體放在
底部有孔的大缸裡，上面再蓋上大缸，深埋地
下。如此過了幾年，屍體自然腐化成水，由下部
的小孔排出，並由缸底的孔排出缸外，這時漆殼
內就只剩下一副骨骼，而外表就成為發亮的「真
身」。

六祖真身在歷史上曾經歷過三番劫難。

第一次遭劫牽涉禪宗南北兩派的對立。相傳惠能
死後，其嫡傳弟子神會在洛陽菏澤寺宣揚南宗教

義，遭到北宗門徒的仇視，曾三次謀殺神會，但都沒有成功；又派人入嶺南，要割取惠能的頭顱。刺客找到南華寺，刀砍真身頸部，猛聽得鏘然有聲，寺僧聞聲驚覺，刺客扮成「孝子」倉皇脫逃。事後見惠能的真身頸部有傷痕。

六祖的真身堅硬如鐵嗎？不是，那是因為真身頸部有鐵塊包裹著。六祖生前曾告訴門徒，說自己身後五六年，會有人來取自己的首級。六祖圓寂

後，門徒為供存其真身，特地建造了「靈照塔」。為了防止別人來取其首級，先以鐵葉漆布保護著惠能的頸部，再置入塔中。據説當時有白光從塔中出現，直上衝天，三日始散。

第二次遭劫在南宋末年，這次是被戳穿了胸腹，此事見文天祥《南華山》一詩後的附記：「六祖禪師真身，蓋數百年矣。為亂兵割其心肝，乃知有患難，佛不免，況人乎！」當時文天祥被元兵押解上燕京（今北京），途經南華寺，目睹惠能真身遭此大劫，作詩感嘆「佛化知幾塵，患乃與我同。有形終歸滅，不滅惟真空」，並寫下附記。不過那真身當時只是個漆像「殼」，亂兵應該是挖不到心肝的。

第三次遭劫在「文革」破四舊之時，有紅衛兵打算把六祖真身抬到街上，當眾「解剖」，看看是否死人骨頭。幸好事前寺中眾僧將真身隱藏起來，謊稱已被其他人抬走扔掉了，才倖免於難。

懷集冷坑六祖禪
院六祖殿區

六祖真身是佛門中的「法物」，歷唐宋元明清千
餘年，人禍兵災，寺廟屢經興廢，竟能保存至
今，也可謂奇蹟。今天南華寺所供「真身」，體
內用鐵條支撐，大部分用泥草填充，枯骨尚存數
根，容貌仍如生前，彌足珍貴。

惠能圓寂後，他的衣缽去向，也成了一個謎團。
相傳當年藏六祖真身的靈照塔，塔內還藏有「信
衣」（五祖傳給惠能的木棉袈裟）及唐中宗所賜
摩衲袈裟、寶缽等物。惠能圓寂後，唐肅宗曾遣
使嶺南，把惠能的衣缽請到長安供養。後來，唐
代宗夢見六祖大師「請衣缽」，於是又把衣缽送

南華寺舉辦「紀念六祖大鑒禪師一三七四週年消災法會」

回曹溪南華寺。這些佛教寶物，後來曾經被盜四次，但都沒有丟失，最後毀於北宋平定南漢的兵火。

南宋人張端義撰《貴耳集》，乃蒐集朝野軼聞所成之書，其中說到達摩的真傳衣鉢放在韶州南華寺裡，每晚都有老虎來守衣鉢。不過，武則天賜給寺中的所有物品，如今早已散失不存了。

到了一〇三〇年夏四月，宋仁宗詔迎韶州曹溪南華禪寺六祖大鑒禪師衣鉢，入禁中清淨堂供養。

八月十五日，遣使送還，賜南華長老普遂號智度
大師。

有關法衣的下落，後世還有其他說法。

一種說法是：惠能得傳自弘忍的法衣被唐武則天
下旨取了去，轉賜給弘忍十大弟子之一的智詵禪
師了；另送給惠能袈裟一件及絹五百匹，作為報
酬。惠能換得袈裟後，仍當作達摩袈裟，表示正
統所在。智詵得了袈裟，怕被劫殺，深藏若虛，

新興龍山六祖廣場
石刻《弘法濟眾》

101

臨死才祕密傳給繼承人。最後下落如何，不得而
知。

另有一說是，六祖圓寂後，弟子尊師勿傳衣缽之
囑，將達摩傳來信衣，中宗敕賜摩衲、寶缽等
物，都埋於靈照塔下，永鎮寶林道場。

總之，說法不一，衣缽下落不明。

後人可以肯定的是，惠能遵照五祖弘忍的囑咐，
沒有把「真傳衣缽」再往下傳。不傳其衣。只傳
其法。惠能曾對弟子們說：「我為了保存這件袈

新興龍山國恩寺
內六祖父母墳

裟，三次有刺客來取我性命，我命若懸絲，恐受
衣人遭不測，故不傳此衣。」從道理上講，惠能
所創南宗乃以心傳心，識心見性，自性自悟，不
假外物。衣缽亦不過是心外之物，傳之何用？故
「說法要無有疑者。衣缽不須傳也」。

在後世眾說紛紜的傳說中，都沒有六祖傳衣缽的
說法，更沒有出現過「接受了真傳衣缽的七
祖」。唐德宗曾立惠能嫡傳弟子神會為禪宗第七
祖，但沒提真傳衣缽；北宗亦曾立神秀弟子普寂
為七祖，不過都沒有得到後世公認，所以後人都
說：「禪門至六祖，衣缽無人得。」「至惠能為
六祖而衣缽絕。」

Placed in the Liurong Monastery, Guangzhou, the bronze statue of Hui Neng is said to be the first same-sized among all the Buddhist monk statues. Despite three calamities of fire throughout history, the statue still exists until this day.

歷盡劫火
今猶存

位於廣州六榕寺的惠能銅像，據說是中國佛門按真身人塑鑄銅像中的第一個。儘管這尊銅像在歷史上曾遭遇三次浩劫，但至今還是保存了下來。

懷集冷坑六祖
禪院六祖殿匾

廣州有著名佛寺六榕寺，此寺前身是寶莊嚴寺，
建於南朝劉宋時（420–479）。北宋初，毀於兵
火。北宋時重建，當時的寺僧以崇奉六祖為「淨
業」，故名「淨慧寺」。今天廣州的淨慧路和淨
慧街便是由於位於當年的這座淨慧寺旁邊而得
名。

建寺同年，寺僧們鑄造了六祖惠能的青銅像，為
跏趺坐，高一點三五米，寬一點一六米，座高零
點七一米，重五百餘公斤。僧眾在寺內設「六祖
堂」專殿以供奉。

銅像容貌栩栩如生，雙目微閉，眉弓微凸，雙唇
緊閉，神態莊重而自然，酷似南華寺供奉的六祖
真身漆像，很可能是當年的能工巧匠仿那尊漆像
鑄成的，堪稱北宋時鑄銅造像中的精美之作，佛
門珍品。據考證，這尊六祖銅像是中國佛門按真
身人塑鑄銅像中的第一個。

歷史上，此像曾三次險遭毀掉，可謂「大難不
死」。

黃梅五祖寺《金
剛經》石刻

黃梅五祖寺般若門

第一次在明朝崇禎末年，那時銅像已被供奉六百
五十餘年了，當時有姓方的權勢之家想毀掉銅
像，幸好沒有得逞。

第二次在清朝光緒年間，游智開署理廣東巡撫
（1889–1890），他曾打算熔掉銅像來鑄錢幣；
神奇的是，當他走進六榕寺時，心裡驚慌起來，
感到害怕，因此不敢動手。

第三次則在一九六〇年代中後期，當時「文革」
破四舊狂潮驟起，據說曾有四個紅衛兵舉起五磅
鐵錘猛擊銅像，但銅像巋然不動，可謂「金剛不

壞身」。當時全寺佛像被毀，唯這六祖銅像倖存。

六祖真身三次遭劫，六祖銅像亦是三次遭劫，然而都化險為夷，說來真有點神奇色彩。

一九八九年，銅像恰滿千載，全國書法家協會主席啟功先生來游六榕寺，為銅像題下這樣的讚詞：「身非樹，鏡非台，無物無塵自去來；千載鑄，百靈開，眾生頂禮願無災。」讚得好極。

今天六榕寺六祖堂仍供奉著這尊六祖銅像，神態仍是那樣的莊重而安詳。像前有供案，置蓮花燈、鮮花果品。堂前簷下掛「六祖堂」木匾、篆書；並排左面是「一花五葉」匾，概括了禪宗的源流；右面是「曹溪法乳」匾，頌揚了六祖在曹溪寶林寺（今南華寺）演南宗佛法。堂前一聯，頌六祖功德：

黃梅四祖寺衣缽塔

祖像鑄千年，衍派傳宗，明鏡非台留法偈

壇經度億兆，識心見性，菩提無樹證禪機

六祖在避難嶺南之前，是不識字的。他在東禪寺時，跟著童子來到南廊，承認自己不識字，請張日用為自己代書「菩提本無樹」偈。得衣鉢後潛回韶州曹侯村，比丘尼無盡藏向他問字，惠能說：「字則不識，義則可問。」可證直到那時他仍不識字。

曲江南華寺祖殿，供奉六祖

乳源雲門寺
釋迦佛塔

　　不過，惠能隨後在懷集、四會一帶藏匿十六年，以其超凡的天資聰慧，識字何難？他不但識字了，而且肯定研讀過經文；在以後弘法的三十七年裡，更涉獵過前代諸家經典，且有相當造詣，否則不可能在弘法時引經據典，出口成章。出口成章可以憑口才，引經據典那是真才實學，不可能信口開河。這都記載在《六祖法寶壇經》裡，可謂有書為證。

　　六祖還寫得一手好文章。他曾寫過《金剛般若經口訣正義》一卷。今存《全唐文》卷九百一十四收有惠能的《金剛般若波羅蜜經序》。這一書一文無疑為惠能的著述。此外，《肇慶府志》還錄有惠能著《金剛經釋義》、《金剛經大義》、

四祖法語

坐禪看心　滔然得性
清虛恬靜　身心調適
能安心神　窈窈冥冥
氣息清冷　徐徐斂心
神道清利　心地明淨
觀察分明　內外空淨
心性寂滅　如其寂滅
聖心顯矣　性雖無形
志節恒在　幽靈不竭
常存朗然　是名佛性
見佛性者　永離生死

節錄四祖《入道安心要方便法門》

《六祖解金剛經》、《注金剛經》、《六祖解心
經》、《頓教理法經》、《諸寺說法集》等書
目。今存《金剛經釋義》，其他書則均已失佚。
這些書是否惠能所著，還是著者假借惠能之名，
已難確考。

民間還有不少有關六祖的傳說，諸如「六祖治
妖」、「六祖施法造化獅子岩」、「六祖鬥法陳
亞仙」等等，這類故事往往把這位聖僧變成了中
國道教中的神仙術士。在《六祖壇經》裡，既不
講因果報應論、神不滅論及轉世投胎之類的事，
更沒有涉及這類神仙道術的事。所以這些故事都
只不過是穿鑿附會，不足為信。

With the largest number of followers, the southern Zen Buddhism is popular in Lingnan of China and across the country as the orthodox version of Chinese Zen sect.

禪宗勝蹟
遍佈天下

作為信眾最多的佛門宗派，
南派禪宗乃中國禪宗正統，
踏遍大江南北，隨處可見嶺
南禪宗的勝蹟。

光孝寺菩提樹，相傳
六祖在此祝髮受戒

中國禪宗發源於嶺南，六祖弘法於嶺南，所創南
派禪宗乃中國禪宗正統，為信眾最多的佛門宗
派，因而嶺南禪宗勝蹟眾多。

在廣東新興縣集成鎮逕口村背面的竹院山麓有竹
院庵，因其坐落在竹院山而得名，俗稱竹葉庵，
建於明末清初。門額兩邊懸掛木聯：「竹翠松青
仰望大千世界，院深舍靜宜弘不二法門。」庵內
有六祖殿，供奉六祖，還有大雄寶殿、觀音堂、
禪房等建築。

廣州光孝寺舉辦廣東禪宗六祖文化節

韶關市仁化縣丹霞山有別傳寺。由澹歸和尚創建
於一六六二年,寺院建築氣象莊嚴,曾住眾千
人,其規模之大,堪與韶關南華寺、雲門寺媲
美。乾隆及民國年間曾兩次被焚,焚後相繼重
修,民國時期廣東省政府曾撥款重修並立有重修
碑文。

「文革」期間,使別傳寺損毀殆盡,只有殘存於
山門石壁上刻的大字「丹霞」、「法海慈航」、
「禪林第一」、「紅塵不到」、「赤城千仞」
等。一九八○年後,年逾古稀的本煥老和尚立下
誓言,要修復別傳寺。經過多年努力,先後修建

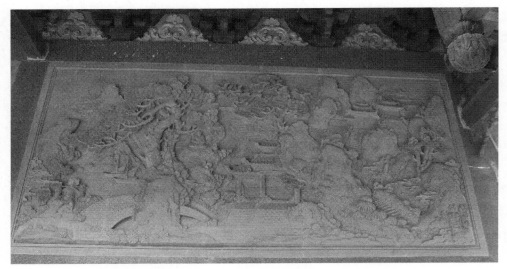

曲江南華寺石刻《六祖
黃梅求法》

了大雄寶殿、天王殿、鐘樓、鼓樓、禪堂、僧
舍、客房等。一九九〇年代末，仁化縣政府將丹
霞山半山萬餘平方米土地和旅遊設施移交給別傳
寺，使別傳寺佛事活動場所進一步擴大。

唐長慶年間，懷集鄉民為了紀念一代宗師六祖，
在冷坑鎮與馬寧鎮交會處，六祖岩下面興建了一
座六祖禪院，供奉六祖禪師金身。在漫長的歲月
中，禪院逐漸廢圮。一八七一年，人們又重建了
六祖禪院，規模比原來更大，金碧輝煌，後因年
久失修，致使其大部分又再崩塌，僅殘存禪院正
堂。今復重建，頗具規模。

在廣東四會縣東扶盧山下原有一座六祖寺，今在
貞山風景旅遊區內。據《肇慶府志》記載：「六
祖庵在縣東扶盧山下，六祖嘗避難於此。後人因
建庵祀之。」具體建於何時，已難確考，一般認
為始建於唐代，後廢，至清代中葉重建，並從山
上移址於山下。

曲江南華寺《六
祖壇經》石刻

六祖從黃梅東禪寺得法南來，曾在四會避難藏匿十五年，其間向民眾宣傳佛法。為紀念六祖，鄉民把他藏身的這座山稱為扶盧山，意為匡扶惠能弘揚佛法，並在山上建六祖庵供人奉祀，庵後毀圮。一八〇九年重修，為方便鄉人奉祀，移建於山下現清塘鎮營腳村邊，一八一一年落成，規模較前擴大，易名六祖寺。光緒年間已頹廢，僅存殘垣斷壁，為四會縣唯一尚存的佛教聖地遺址。一九九七年移址於貞山重建六祖寺，二〇〇〇年十一月竣工。依山面水，規模和氣勢恢宏，是現今以「六祖」名寺的最大廟宇之一。

除了在新興、韶關、懷集、四會、廣州等地，分佈著眾多與六祖禪宗相關的寺院，在肇慶尚有梅庵、白雲寺等，亦有淵源。

梅庵在廣東肇慶市端州區城西的梅庵崗上，現為肇慶市博物館。相傳六祖喜愛梅花，晚年從韶州回家鄉新州時，路經端州，曾駐驛城西並「插梅

為標」。西元九九六年，僧智遠為紀念先師，在
惠能插梅處建庵，取名「梅庵」。庵址在崗巒懷
抱之中，環境清幽。一九七八年全面修葺。現存
山門、大雄寶殿、祖師殿等建築。梅庵山門前平
台上有六祖井泉。大雄寶殿其形制、結構及手法
是廣東現存的宋代木結構建築的孤例。簷柱楹
聯：「空早悟於杵臼塵間菩提無樹，澤長流乎轆
轤聲外井水有源。」

光孝寺睡佛閣

農曆九月初一廣州光孝寺拜佛的信眾

在肇慶鼎湖山的西南隅，雲溪上游有白雲寺，為六祖十大弟子之一智常創建。當時屬下有招提三十，遍佈山中。後歷宋元，興廢失稽，明萬曆年間重建，改稱「鼎湖古寺」。楹聯：「卅六招提皈依古佛，十七讕地迥出高天。」清咸豐和光緒年間兩次重修。

盛時，寺前空地為僧徒集市之處，謂之羅漢市。寺內古蹟頗多，有千年古梅、古桂；寺外有涅槃台，台下刻有「正法眼藏，涅槃妙心」八個大字，傳說是智常手跡，是肇慶市最古老的摩崖石刻之一。此外尚有躍龍庵、羅漢橋、聖僧橋、釣

魚合、仙棋石、石城門等遺跡。附近還有老龍
潭、三昧潭、水簾洞天、浴佛池等勝景。

在廣東乳源瑤族自治縣城外六公里處，附城鄉雲
門村雲門山下，還有一座雲門寺，是禪宗五宗之
一雲門宗的發祥地。創建於五代後唐時，六祖弟
子靈樹的傳法和尚文偃開山建寺，創立宗派。相
傳，祖師圓寂，葬方丈室塔內。據說十五年後啟
塔時，法身如故，眼半合而珠光欲轉，口微啟而
珂雪密排。髭髮復生，手足猶軟，放光散香。

寺前有觀音山，後有桂花潭、出米石、九仙岩、
慈悲峰、鐘鼓石等山水名勝。乳源古八景之一
「秀頂奇雲」緣由此出，為嶺南勝境之一。現存
殿宇為一九四三至一九五〇年間住持虛雲募化重
建。

與六祖和禪宗有關的寺廟，不僅遍佈嶺南，而且在
全國各地，甚至海外都有很多，足見其影響之廣。

遠在河南嵩山少林寺西北的五乳峰下，有一間初
祖庵。大殿建於一一二五年，具典型宋代風格。
大殿東南有古柏一株，相傳為唐初禪宗六祖惠能
所植。附近保存有書法家黃庭堅、蔡卞等人書寫
的讚頌初祖達摩的碑石四十餘品。

在黑龍江哈爾濱市南崗東大直街有極樂寺與七級
浮屠塔，塔在寺東。均為一九二四年禪宗五宗之
一臨濟宗的四十四傳弟子所建。

韶關大鑒禪寺

新興縣金台古寺

靈隱寺亦名「雲林禪寺」，中國禪宗十剎之一。
在浙江杭州市西湖西北靈隱山麓，建於東晉咸和
初年。

天童寺在浙江鄞縣，距寧波市三十公里大自山
麓，始建於西晉時期。南宋時為禪宗五山之一，
至清末成為中國禪宗四大叢林之一。日本曹洞宗
尊天童寺為祖庭。

阿育王寺在浙江鄞縣寶幢鎮。中國佛教「中華五
山」之一，屬禪宗，素有東南佛國之稱。

雪竇寺在浙江奉化縣溪口鎮西北雪竇山，建於唐代，中國禪宗十剎之一。今廢。

普陀山是浙江東北部普陀縣舟山群島中的一個小島。中國佛教四大名山之一。一一三一年，南宋朝廷將普陀山佛教各宗統一歸於禪宗。一二一四年又規定該山以供奉觀音為主。

雪峰崇聖禪寺簡稱雪峰寺。在福建閩侯縣雪峰。為清末福州五大禪寺之一。殿左有「義存祖師塔」。禪宗的雲門、法眼兩宗均出義存派下。

今湖北黃梅四祖寺牆
壁上的廿四孝圖

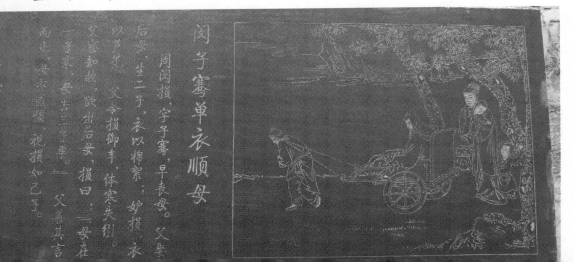

乳源雲門寺外壁畫
《圖解三世因果經》

楊岐寺又稱普通禪寺，在江西萍鄉市楊岐山，唐代建。北宋時，禪宗高僧方會在此創立楊岐宗，為禪宗臨濟宗的一派。

洞山在江西宜豐縣同安鄉，是五大禪宗曹洞宗的發祥地。唐大中時興建了普利寺。

寶峰寺在江西靖安縣石門山。建築年代無考。寺旁原建唐代馬祖塔。馬祖（709–788）乃禪宗南嶽一系開創者懷讓的入室弟子。

青原山寺在江西吉安市東南十五公里青原山。敕建於七四一年。為禪宗青原一系開創者行思的道場。

五祖寺又名東山寺。在湖北黃梅縣城東十二公里的東山。五祖寺是禪宗第五代禪師——弘忍大師的弘法道場，又是六祖惠能大師求法得衣缽之地，被御賜為「天下祖庭」。大滿禪師石塔相傳是瘞五祖弘忍佛骨之所。

127

四祖寺在湖北黃梅縣城西十五公里的西山。寺為唐初禪宗四祖道信的道場,初名幽居寺,後賜正覺禪寺,俗稱四祖寺。千百年來,以歷朝歷代褒贈有加,四祖寺日趨宏大。全盛時期,擁殿宇八百間,住僧千眾,地廣八里,庵、塔、亭、橋遍佈山林。然而近百年間,屢遭劫難,祖庭設施幾遭毀盡,僅存院外的初唐毗盧塔、唐宋眾生塔、五代衣鉢塔、歷代無名法師墓塔以及元代靈潤橋、明月橋和歷代摩崖題詠石刻、西山古道石板路等三十餘處。二○○一年,四祖寺塔被中國公佈為全國重點文物保護單位。

筇竹寺在雲南昆明市西北十餘公里的玉案山上。此寺是中原佛教禪宗傳入雲南的第一寺。

曹溪寺在雲南安寧縣城西北五公里的螳螂川西岸。傳為禪宗六祖之弟子從廣東韶州曹溪寶林寺來此建寺,故名。

昭覺寺在四川成都市北郊五公里，素有川西「第一叢林」之稱，建於唐貞觀年間（627–649）。南宋紹興初年，敕改昭覺為禪林。一六四四年毀於兵火。今各殿為一六六三年重修。

南派禪宗早在唐代中期時就已傳入東南亞。明末清初，禪宗曹洞宗第二十九世石濂大汕在越南傳教，信眾二千餘人，得阮氏王朝禮敬，獲贈金帛甚多。大汕有詩詠：「盧祖歸庾嶺，宗風日向南。」「大鑒當年庾嶺回，於今吾道又南開。」

佛教本源於印度，但在後來的發展中衰落，竟致印度僧人到中國來求佛法。在六祖的法嗣中，就有印度的僧人。

西元八世紀，朝鮮僧人信行入唐從普寂門人志空學禪法，後將北派禪宗傳入朝鮮。

肇慶梅庵

九世紀，朝鮮僧人道義師從南宗禪師智藏，並將南宗帶回國，成為朝鮮禪宗主流。

十二世紀，日本僧人榮西從臨濟宗黃龍派虛庵懷敞學法，將臨濟宗傳入日本，曾相當盛行，對日本文化起著潛移默化的影響。

十八世紀初，日本僧人道元受法於曹洞宗系如淨，後將曹洞宗傳入日本。日本曹洞宗尊中國浙江天童寺為祖庭。禪宗在日本演變至今，仍相當盛行。據日本文部省一九九一年的不完全統計，全日本共有禪宗寺院兩萬一千零四十一所，禪宗信眾近九百萬人。

據說有位中國畫家在巴黎留學，因頗通中國畫理
而被視為權威。法國一位老年印象派名畫家拿了
《六祖壇經》向他請教，他直言相告不曾學過。
老畫家驚道：「你們中國有這麼好的繪畫理論你
都不學，跑來法國想學什麼呢？」這則故事反映
出《六祖壇經》已在西方學者中廣為流傳，其禪
學思想亦為學界所接受。

西方接受禪學的人，除一般民眾外，還有哲學家
和社會學家，他們希望用蘊含東方恬靜達觀精神
的禪宗義理引導人們回歸人性和自然；也有心理
學家和精神病理學家把禪理作為調節心理和治療
精神病的方法之一。

新興集成鎮寺田村
藏佛坑。相傳六祖
圓寂後化身於此

131

The South China Buddhist Fair is celebrated in Lingnan to commemorate master Hui Neng whose deeds and contributions are remembered forever among local people.

留在民間
記憶中的惠能

南華誕廟會，成了六祖惠能留給嶺南的一個民俗。歲月帶走了無數的記憶，卻帶不走惠能所留下的點點滴滴。

六祖留給嶺南一個民俗：南華誕廟會。

南華寺是六祖弘法地，有「南國祖庭」、「嶺南
第一禪寺」之稱。「南華誕」廟會又稱「六祖
誕」廟會，始於西元七一四年，即六祖圓寂翌
年，是寶林寺（今南華寺）住持令韜為弘揚六祖
禪法，於每年農曆二月初八（六祖誕辰）和八月
初三（六祖圓寂日）舉行的祭祀六祖的廟會活
動，又稱「春秋兩會」。

　曲江南華寺靈照塔

沿至清代，「南華誕」廟會成為頗具特色的民間
習俗。一八七五年《曲江縣誌》載：「二月二
日，祀土神⋯⋯八日，往南華禮『六祖誕』，至
者如市。」又載：「八月一日，農家開田取新
芋。三日，祀灶神。又往南華禮六祖，如二月
事。」既稱「至者如市」，可知當年的「禮六祖
誕」是很熱鬧的。

南華誕廟會現在是中國佛教南宗的重要節日和民
間文化活動，由「祝聖拜祖」、「晨拜」、「禮
佛祭祖」、「信眾午」、「放生」、「傳燈」等
程式組成。參與者來自中國內地、港澳台地區及
東南亞、日本、韓國等世界諸多國家。這民俗現
已被列入廣東省首批非物質文化遺產代表作名
錄。近年每年前來參加盛會者達數萬，人山人
海，熱鬧非凡。

在惠能的家鄉新興，每年農曆二月初八和八月初三，也會舉行大型紀念活動。海外及珠江三角洲地區居士信眾都來參加紀念活動。為了弘揚六祖禪文化，還成立了六祖禪文化思想研討會，每年的農曆七月初一舉行大型水陸法會。前來國恩寺朝拜六祖大師的信眾絡繹不絕。

南派禪宗為惠能創立，發源於嶺南，盛傳於全中國，流行於亞洲及歐美各國，對中國文化與世界文明的發展產生著廣泛、深遠而積極的影響。這是嶺南的光榮與驕傲。

光孝寺祖堂內供奉六祖

嶺南文庫 A0702A06

嶺南文化十大名片：六祖惠能

主　　編	林　雄	
編　　著	馮沛祖	
版權策畫	李　鋒	
發 行 人	陳滿銘	
總 經 理	梁錦興	
總 編 輯	陳滿銘	
副總編輯	張晏瑞	

出　　版　昌明文化有限公司

桃園市龜山區中原街 32 號

電話　(02)23216565

印　　刷　百通科技股份有限公司

發　　行　萬卷樓圖書股份有限公司

臺北市羅斯福路二段 41 號 6 樓之 3

電話　(02)23216565

傳真　(02)23218698

電郵　SERVICE@WANJUAN.COM.TW

大陸經銷　廈門外圖臺灣書店有限公司

電郵　JKB188@188.COM

ISBN 978-986-496-214-3

2019 年 7 月初版二刷

2018 年 1 月初版一刷

定價：新臺幣 220 元

如何購買本書：

1. 轉帳購書，請透過以下帳戶

　合作金庫銀行　古亭分行

　戶名：萬卷樓圖書股份有限公司

　帳號：0877717092596

2. 網路購書，請透過萬卷樓網站

　網址　WWW.WANJUAN.COM.TW

大量購書，請直接聯繫我們，將有專人為您

服務。客服：(02)23216565 分機 610

如有缺頁、破損或裝訂錯誤，請寄回更換

版權所有·翻印必究

Copyright©2016 by WanJuanLou Books CO., Ltd.

All Right Reserved　　　　**Printed in Taiwan**

國家圖書館出版品預行編目資料

嶺南文化十大名片：六祖惠能 / 林雄主編. --

初版. -- 桃園市：昌明文化出版；臺北市：

萬卷樓發行, 2018.01

　面；　公分

ISBN 978-986-496-214-3(平裝)

1.(唐)釋惠能　2.佛教傳記

226.69　　　　　　　　　　　107001998

本著作物經廈門墨客知識產權代理有限公司代理，由廣東教育出版社有限公司授權萬卷樓圖書股份有限公司出版、發行中文繁體字版版權。

本書為金門大學產學合作成果。　　　　校對：陸仲琦／華語文學系二年級